DEBUT D'UNE SERIE DE DOCUMENTS
EN COULEUR

SAINT JACQUES

EN GALICE

PAR

L'Abbé L. DUCHESNE

Membre de l'Institut.

TOULOUSE

IMPRIMERIE ET LIBRAIRIE ÉDOUARD PRIVAT

45, RUE DES TOURNEURS, 45

—

1900

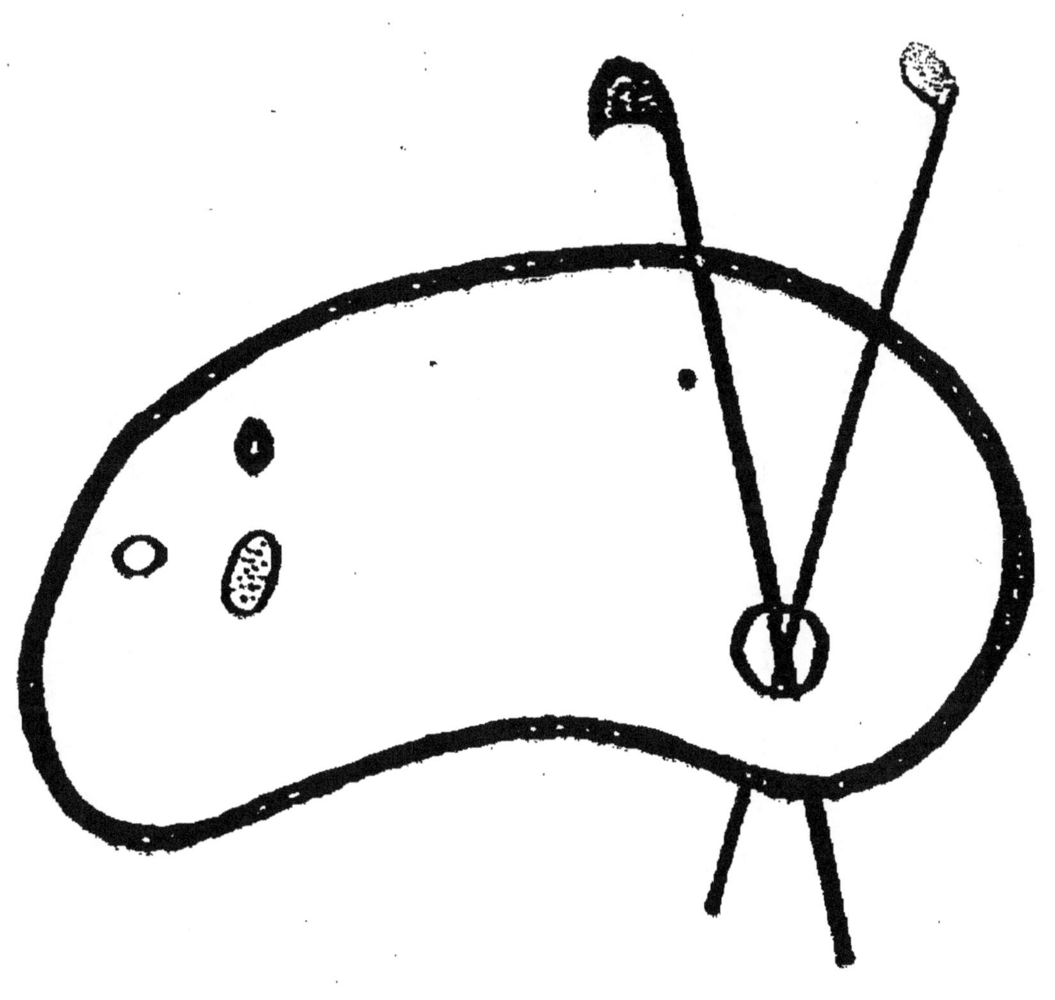

FIN D'UNE SERIE DE DOCUMENTS
EN COULEUR

SAINT JACQUES

EN GALICE

PAR

L'Abbé L. DUCHESNE

Membre de l'Institut.

———

TOULOUSE

IMPRIMERIE ET LIBRAIRIE ÉDOUARD PRIVAT

45, RUE DES TOURNEURS, 45

———

1900

SAINT JACQUES EN GALICE

La question de saint Jacques en Galice, en tant qu'elle intéresse l'histoire, comprend l'étude de deux traditions relatives : l'une, au voyage de l'apôtre en Espagne, avant son martyre, qui eut lieu à Jérusalem en 44; l'autre, à son tombeau, que l'on vénère à Santiago de Compostelle depuis le IXe siècle.

I.

SAINT JACQUES, APÔTRE DE L'ESPAGNE.

La première de ces deux traditions ne s'est manifestée que tardivement dans les documents écrits ; encore cette apparition tardive est-elle entourée de circonstances peu propres à l'accréditer.

En Espagne, il faut le dire tout d'abord, elle est précédée d'un long silence, et d'un silence auquel l'on ne saurait opposer les fins de non-recevoir cavalières qui servent aux hypercritiques à se débarrasser des arguments négatifs. L'histoire religieuse d'Espagne depuis le IVe siècle est assez connue. En ce qui regarde spécialement les souvenirs hagiographiques, ce pays a produit un auteur qui n'aurait certes pas négligé de recueillir celui du premier apôtre, si le premier apôtre eût été connu de lui. Prudence nous a transmis des noms et des traditions martyrologiques d'un intérêt bien secondaire en comparaison de celle-là. S'il avait eu connaissance des rapports de l'apôtre Jacques avec ses compatriotes, il n'eût pas manqué de le compter au nombre de ces témoins du Christ que les cités d'Espagne produiront au dernier jour devant le tribunal de Dieu[1], et dont, en attendant, elles se glorifient ici-bas.

En dehors des documents à proprement parler hagiographiques, la littérature de l'Espagne chrétienne pour les IVe, Ve, VIe, VIIe et VIIIe siècles forme un ensemble imposant de documents très divers de forme, de sujet et de provenance, dans lesquels on est autorisé à chercher quelque trace de la tradition nationale. La Galice, en particulier, où cette tradition a, depuis le IXe siècle, son principal sanctuaire, occupe une place importante dans l'histoire connue et bien documentée. Les phases de la crise priscillianiste qui agita cette contrée depuis l'année 380 jusqu'à la fin du VIe siècle, peuvent être étudiées dans une suite presque ininterrompue de pièces authentiques. Un prêtre de ce pays, Orose de Braga, publia au début du Ve siècle une histoire universelle qui va jusqu'à son temps. Moins d'un demi-siècle après, Idace, évêque d'*Aquae Flaviae*, non loin de Compostelle, écrivait une chronique pleine de détails sur l'histoire de la Galice à ce moment critique où se fondait la monarchie suève. Peu d'années avant la disparition de celle-ci vivait l'illustre saint Martin de Braga, dont la plume élégante nous a laissé plus d'un écrit estimé. Sous les rois wisigoths, l'Espagne a compté bien des auteurs ecclésiastiques en tout genre de littérature ; saint Isidore est le plus important, mais à côté de lui on peut compter Braulio, Taio, Jean de Biclar, Julien, Hildefonse et bien d'autres, qui se sont succédé jusqu'à l'invasion musulmane. Tous se taisent sur l'apostolat espagnol de saint Jacques, au moins dans leurs écrits authentiques, dans ceux dont ils sont responsables et qui seuls peuvent être cités en un tel débat comme engageant leur autorité. Et qu'on ne dise pas que les sujets qu'ils ont traités ne leur fournissaient pas

---

1. *Peristeph.*, IV.

l'occasion de parler de l'apôtre national. A côté de la littérature ecclésiastique d'Espagne, la littérature ecclésiastique de Rome est bien peu de chose, si l'on en défalque la correspondance officielle des papes. Et pourtant quelle place n'y tient pas le souvenir des princes des apôtres, saint Pierre et saint Paul? Les auteurs ecclésiastiques d'Égypte sont-ils muets sur saint Marc? A Éphèse n'est-il jamais question de saint Jean? En Espagne même, depuis qu'il est admis que le christianisme y a été porté par saint Jacques, faut-il chercher longtemps dans les écrits ecclésiastiques pour y trouver des allusions nettes et claires à l'apôtre du pays?

Ce silence espagnol se renforce de celui des voisins de Gaule, bien placés pour être renseignés sur des traditions de ce genre, avides même de les recueillir, exacts à les enregistrer. Le martyrologe hiéronymien trahit, dans sa recension gallicane, exécutée à Auxerre vers 595, comme aussi dans sa rédaction première, une très vive préoccupation de ce qui touche aux apôtres. Il ne prononce, à propos de saint Jacques le Majeur, d'autre nom de lieu que celui de Jérusalem[1]. Grégoire de Tours, dans son *De Gloria martyrum*, se montre très bien informé sur les sanctuaires d'Espagne; il n'en mentionne aucun qui soit en rapport avec le souvenir de saint Jacques. Il consacre des notices spéciales aux apôtres Jacques, frère du Seigneur, Pierre, Paul, Jean, André, Thomas, Barthélemy. Au nombre de ceux dont il ne dit rien figure Jacques, fils de Zébédée. Fortunat, dans son poème sur la Virginité[2], énumère les lieux saints des douze apôtres; pour les deux Jacques, il indique la Palestine, *terra beata*. Mais ce qui est plus fort, c'est que, dans une lettre écrite à un évêque espagnol, à un évêque galicien, à saint Martin de Braga[3], il parle des églises évangélisées par les apôtres sans y com-

---

1. Il lui assigne deux fêtes, le 25 juillet et le 27 décembre, celle-c commune à lui et à son frère saint Jean; mais il est évident qu'à cette date il confond saint Jacques, fils de Zébédée, avec saint Jacques, frère du Seigneur.

2. *Carm.*, viii, 3.

3. *Carm.*, v, 2.

prendre celles d'Espagne; il parle même do saint Jacques et de la Galice, non poiut en rattachant l'apôtre à ce pays, mais plutôt en l'en excluant. « Au temps, dit-il en substance, où les apôtres se partageaient le monde, Rome échut à saint Pierre, l'Illyrie à saint Paul, l'Éthiopie à Matthieu, la Perse à Thomas, l'Inde à Barthélemy, la Grèce à André. C'est à saint Martin l'ancien que la Gaule doit la lumière de l'Évangile, c'est au Martin nouveau (l'évêque de Braga) que la Galice est redevable du même bienfait. En sa personne, elle jouit de la vertu de Pierre, de la doctrine de Paul, du secours de Jacques et de Jean :

> *Qui virtute Petrum praebet tibi, dogmate Paulum,*
> *Hinc Iacobi tribuens, inde Ioannis opem.*

Il est, je crois, difficile d'admettre que Fortunat et Grégoire de Tours aient eu la moindre idée de l'apostolat espagnol de saint Jacques.

Veut-on plus de lumière encore? C'est en Gaule, dans la génération de Fortunat et de Grégoire, et même dans leur milieu littéraire, que se forma le recueil d'histoires apostoliques connu sous le nom d'Abdias. Chacun des apôtres y a sa notice, plus ou moins étendue, saint Jacques le Majeur tout comme les autres. Cette notice s'inspire de récits apocryphes et fabuleux; cependant, elle ne dit rien ni du voyage de saint Jacques en Espagne ni de sa sépulture en ce pays.

Il est difficile, ce semble, de constater un silence plus absolu et moins explicable dans la supposition où il y aurait eu pourtant quelque chose à dire. Mais il y a plus que le silence; il y a la négation, aussi énergiquement exprimée qu'elle peut l'être quand elle ne répond pas à une affirmation contraire. Le pape Innocent, dans une lettre de l'année 416[1], défend contre des importations étrangères les usages liturgiques de l'Eglise romaine; à cette occasion, il proteste que l'Occident ne devrait pas en connaitre d'autres que ceux du siège apos-

---

1. Jaffé, 311, *ad Decentium Eugubinum.*

tolique, puisque, dit-il, « il est manifeste que, dans toute
« l'Italie, les Gaules, l'*Espagne*, l'Afrique, la Sicile et les
« îles interjacentes, personne n'a institué des églises, si ce
« n'est ceux que le vénérable apôtre Pierre ou ses succes-
« seurs ont constitués évêques. Que l'on cite si dans ces pro-
« vinces un autre apôtre a enseigné. Si on ne peut citer au-
« cun texte, parce qu'il est impossible d'en trouver, il faut
« suivre l'usage de l'Eglise romaine », etc. — Ici, ce n'est pas
seulement la formation d'églises organisées qui est formelle-
ment contestée; c'est aussi l'évangélisation, la prédication
d'un autre apôtre que saint Pierre. Et il faut bien remarquer
que le pape Innocent parle en un sujet particulièrement
grave et délicat, dans lequel il n'aurait pas aisément allégué
des preuves douteuses; de plus, qu'il écrivait cette lettre
en 416, alors que lui et ses prédécesseurs Damase et Sirice
avaient eu plusieurs fois à intervenir dans les affaires ecclésiastiques d'Espagne, notamment dans celles de la Galice.

Je ne dois pas omettre de dire que, dans ce silence de la
tradition, les Espagnols discernent cependant une voix favo-
rable, celle de saint Jérôme. Ce docteur, dans son *Commentaire sur Isaïe*[1], parle ainsi des apôtres : *In omnem terram
exivit Apostolorum sonus et in terminos orbis terrae
verba eorum... Apostolos enim videns Iesus in littore
iuxta mare Genesareth reficientes retia sua, vocavit et
misit in magnum mare ut de piscatoribus piscium
faceret hominum piscatores, qui de Ierusalem usque
ad Illyricum et Hispanias evangelium praedicarent,
captentes in brevi tempore ipsam quoque Romanae urbis
potentiam.*

On ne voit pas, il est vrai, que dans ce texte, où la prédication apostolique est caractérisée d'une manière générale, il
soit question de saint Jacques en particulier. Mais saint Jérôme se sert ici d'expressions bibliques qu'il enchevêtre dans
sa phrase. Les mots *reficientes retia sua* s'appliquent dans

1. XII, 42 ; Migne, *P. L.*, t. XXIV, p. 425 ; cf. X, 34 ; *ibid.*, p. 374.

l'Évangile (Matth., iv, 21) aux deux fils de Zébédée, Jacques et Jean. C'est donc eux qui sont désignés ici.

A cela je répondrai que si les trois mots en question s'appliquent dans l'Évangile aux fils de Zébédée, les mots *tuxta mare Genesareth* et *hominum piscatores*, avec la promesse d'être changés de pêcheurs de poissons en pêcheurs d'hommes, s'appliquent dans le même évangile à saint Pierre et à saint André. (Matth., iv, 18, 19; cf. Marc, i, 16, 17; Luc, v, 1, 10.) Si saint Pierre a des droits sur Rome, si saint Jacques est réclamé par les Espagnols, on ne voit pas ce que saint André et saint Jean auraient à faire avec l'Illyrie. S. Jérôme n'a donc pas songé ici à une répartition des provinces romaines entre les apôtres; il a voulu tout simplement opposer à l'humble métier d'abord exercé par les premiers disciples les plus difficiles conquêtes de leur apostolat. C'est pour cela qu'il a choisi Rome, la métropole de l'empire; l'Espagne, le pays le plus lointain; l'Illyrie, un des plus barbares et des moins abordables. Du reste, cette mention simultanée de l'Illyrie et de l'Espagne lui vient, non pas d'une tradition locale quelconque, mais du Nouveau Testament lui-même. Dans l'épître aux Romains (xv, 19, 24, 28), saint Paul parle de ses voyages précédents, qui ont atteint l'Illyrie, *usque ad Illyricum,* et, tout aussitôt, de son projet de passer en Espagne, *in Hispaniam.*

Il est donc bien imprudent de se prévaloir d'un tel texte pour affirmer que saint Jérôme témoigne de la mission de saint Jacques en Espagne.

Ce prétendu témoignage écarté, la célèbre « tradition » n'a plus d'autres références écrites que celles des *Catalogues apostoliques.* Je vais m'en occuper.

Assez longtemps avant le temps où l'on découvrit en Galice le tombeau du fils de Zébédée, il circulait en Occident un petit écrit où il était question de lui comme apôtre spécial de l'Espagne.

C'est une histoire abrégée des apôtres, dont nous avons en grec et en latin des rédactions fort diverses, toutes néanmoins dérivant de la même source. Les textes grecs, quand ils portent en tête un nom d'auteur, se réclament de saint Dorothée, évêque de Tyr; de saint Hippolyte de Rome, de saint Épiphane, de Sophronius, le traducteur de saint Jérôme. Parmi les textes latins, les plus anciens et les plus complets sont : 1° le *Breviarium apostolorum*, qui figure en tête du martyrologe hiéronymien dans les manuscrits de Wolfenbüttel, daté de 772, et de Berne, ce dernier un peu plus jeune que le précédent; 2° le *De ortu et obitu ss. Patrum*, attribué à saint Isidore. De celui-ci, il subsiste deux rédactions, l'une plus courte, à laquelle Fréculf de Lisieux a puisé pour sa Chronique rédigée entre 824 et 830; l'autre plus longue et dérivant du *Breviarium*. La première rédaction figure dans l'édition d'Arevalo, parmi les œuvres authentiques d'Isidore; l'autre, parmi les œuvres apocryphes. C'est faire bien peu d'honneur au savant docteur de Séville que de lui attribuer l'une quelconque de ces deux pièces. De ces recueils, il a été fait des résumés en prose ou en vers que l'on rencontre, soit isolés et anonymes, soit enchâssés dans certains écrits, apocryphes ou authentiques, interpolés ou primitifs, d'auteurs connus.

Les catalogues grecs d'où dérivent tous ces remaniements latins sont des documents de nulle valeur. J'ai eu ces derniers temps plusieurs occasions de les apprécier; j'ai montré qu'ils s'inspirent partiellement de traditions ecclésiastiques et de pièces apocryphes, toutes connues d'ailleurs, et que, quant au reste, ils ne représentent que « le produit de l'imagination de personnes inconnues, incapables de témoigner, même en fait de tradition populaire. Ils sont à l'histoire apostolique ce que sont les Fausses Décrétales à l'histoire des papes, c'est-à-dire l'équivalent de rien [1]. » En tant qu'ils s'occupent de l'Occident, sauf les apôtres romains saint Pierre et saint Paul, ils ne signalent que la mission de saint Simon, dont ils font l'apôtre de la Mauritanie, de l'Afrique et de la Bretagne.

1. Congrès scientifique de Bruxelles, 1894, p. 14 du tirage à part de mon mémoire *Les anciens recueils de légendes apostoliques;* cf. mon mémoire sur *saint Barnabé* dans les *Mélanges J.-B. de Rossi*, Rome 1892.

Ils dédoublent même cet apôtre en deux personnes, dont une est identifiée avec saint Siméon, évêque de Jérusalem, qui fut martyrisé en Palestine sous Trajan.

J'ai dit : en tant qu'ils s'occupent de l'Occident. C'est qu'en effet aucune des rédactions grecques qui sont parvenues à notre connaissance ne parle de l'Espagne, si ce n'est à propos de saint Paul. Mais les textes latins s'accordent à nous présenter trois spécialités, dont deux intéressent nos climats. Saint Matthieu est attribué à la Macédoine, saint Philippe à la Gaule, saint Jacques à l'Espagne. Ces trois modifications proviennent-elles de quelque texte grec encore inconnu de nous, ou du traducteur, ou d'une retouche introduite après coup dans l'œuvre de celui-ci? Je n'en sais rien. Mais ce qui me semble clair, c'est que les trois « traditions » relatives à la Macédoine, à la Gaule et à l'Espagne sont exactement sur la même ligne; elles ont même provenance, même attestation, même autorité. Quelle que soit la forme du catalogue latin, qu'il soit complet ou abrégé, en prose ou en vers, indépendant ou engagé dans une autre composition, les trois apôtres y figurent ensemble. Quelques textes cependant, s'inspirant de Rufin ou du faux Abdias, laissent saint Matthieu en Éthiopie; c'est une correction.

Or, chacun sait que l'assertion d'un apostolat de saint Philippe en Gaule ne correspond à aucune tradition locale; il en est de même pour saint Matthieu en Macédoine. Ces deux apôtres ont été l'objet en Orient de légendes fabuleuses et contradictoires; aucune d'elles ne les fait voyager dans les pays indiqués ici. Saint Jacques aussi a sa légende; il en a même deux : l'une d'après laquelle toute sa carrière apostolique se passe en Palestine, l'autre, particulière aux Coptes et Abyssins, qui le fait voyager d'abord en Lydie. Quant à l'Espagne, silence complet.

A quelle date ce catalogue a-t-il passé en Occident? Ce point, on le conçoit, a une grande importance dans la question qui nous occupe. Fortunat, Grégoire de Tours, Abdias, le martyrologe hiéronymien, l'ignorent absolument. Ceci permet d'affirmer qu'il n'a pas pénétré dans nos contrées avant la fin du vi^e siècle. Dans mon mémoire sur les recueils de légendes apostoliques, j'avais cru ne pouvoir remonter plus haut que les dernières années du viie siècle. C'est en ce temps-là qu'Aldhelm, abbé de Malmesbury, en pays anglo-saxon, rédigea des inscriptions métriques destinées à orner des autels en l'honneur des douze apôtres [1]. Il s'y inspire non seulement d'Abdias, déjà en circulation depuis un siècle, mais encore du catalogue byzantin, complété, comme je viens de le dire, pour les pays occidentaux. Un des vers à saint Jacques est ainsi conçu :

Primitus Hispanas convertit dogmate gentes [2].

Mais je puis maintenant ajouter à ce témoignage anglo-saxon une référence espagnole qui est peut-être un peu plus ancienne. Saint Julien de Tolède, dans son livre sur le *Sixième âge* [3], écrit en 686, laisse voir qu'il avait sous les yeux, tout comme Aldhelm, et le recueil d'Abdias et le catalogue byzantin, avec ses retouches occidentales. Il expose, d'après le dessein de son ouvrage, la prédication des apôtres, avec référence aux nations qui l'ont reçue. Après avoir parlé de saint Pierre et de saint Paul, il continue : *Hac et simili regula Iacobus Hierosolymam, Thomas Indiam, Macedoniam Matthaeus illustrat.* Ici, il n'y a pas de distinction entre les deux saints Jacques. L'Inde a été attribuée à saint Thomas longtemps avant la rédaction des catalogues byzantins; mais saint Matthieu en Macédoine est un trait caractéristique. Saint Julien de Tolède n'a pu le tirer que d'un catalogue byzantin déjà retouché. Cette constatation est très grave. Elle nous permet d'affirmer que ce catalogue, avec ses

---

1. Migne, *P. L.*, t. LXXXIX, p. 293. Ces inscriptions ont été souvent attribuées à Walafrid Strabon (cf. Ebert, *Literatur*, t. I, p. 595); elles sont en réalité beaucoup plus anciennes.

2. Lipsius, *Apostellegenden*, t. II, 2e partie, p. 222, cite, après bien d'autres, ce petit poème comme supposant déjà l'existence du sanctuaire de Compostelle; en réalité, il n'est question ici que de prédication, non de sépulture.

3. *De comprobatione aetatis sextae*, II, 9, 13.

spécialités, saint Jacques en Espagne, saint Philippe en Gaule, saint Matthieu en Macédoine, circulait en Espagne vers le déclin du viie siècle.

Maintenant, jusqu'à quel point correspondait-il à la tradition du pays? Julien lui-même va nous l'apprendre et précisément dans le même traité (c. 13). En poursuivant sa description des prédications apostoliques, il arrive à Jacques, frère de Jean, c'est-à-dire à celui qui nous intéresse. Or, à qui le fait-il prêcher? Aux Espagnols? Non. Il le fait prêcher aux Juifs, et il caractérise sa prédication en disant qu'elle était appuyée d'un grand nombre de textes scripturaires, où il montrait que les prophéties s'étaient accomplies en Jésus-Christ : *longo tractu testimoniorum divinorum docuit, ea omnia quae praedixera[n]t in Domino nostro Iesu Christo fuisse completa.* Ouvrons maintenant Abdias[1], à l'article de saint Jacques le Majeur; nous y trouverons une vingtaine de textes prophétiques allégués aux Juifs par l'apôtre, qui en montre ensuite l'accomplissement. En tête de cette seconde partie se présentent les mots : *Haec omnia in Domino nostro Iesu Christo et impleta sunt partim quae fuerunt praedicta,* etc., que Julien reproduit presque littéralement. Ainsi, l'évêque de Tolède avait sous les yeux le recueil d'Abdias, où saint Jacques est présenté comme l'apôtre non de l'Espagne, mais de la Palestine; d'autre part, il avait sous les yeux le catalogue byzantin latinisé où cet apôtre est dit avoir évangélisé l'Espagne. Il ne dit mot de cette prédication espagnole, et cela dans un livre adressé au roi d'Espagne Erwige, et dans un morceau consacré à l'analyse des enseignements distribués par chacun des apôtres à ceux auxquels ils ont prêché ou sont censés avoir prêché.

Ce silence est l'équivalent d'une condamnation. Le chef de l'église d'Espagne a connu l'attribution de saint Jacques à son pays; il l'a répudiée[2]. Et ceci est d'autant plus grave que

---

1. Fabricius, *Codex apocr. N. T.,* pp. 522 et suiv.

2. On sait qu'au xiiie siècle, l'archevêque de Tolède, Rodrigue Ximénès, traitait encore l'apostolat espagnol de conte de bonnes femmes. Mais on expliquait cela par sa situation ecclésiastique, Tolède étant rivale de

Julien est au-dessus de tout soupçon de critique excessive.
Un homme qui accepte la légende de saint Jacques telle
qu'elle figure dans le recueil d'Abdias, un homme qui a pu se
fier assez au catalogue byzantin pour parler de la prédication
de saint Matthieu en Macédoine est assurément peu difficile.
Il n'a pas hésité pour saint Matthieu, bien que le faux Abdias
en fasse l'apôtre de l'Éthiopie ; mais c'est qu'il n'était pas en
situation de se prononcer. La Macédoine et l'Éthiopie étaient
trop loin pour qu'il en pût apprécier les traditions. Il a pris
la première venue. Pour l'Espagne, il n'en était pas ainsi.
Julien savait ce que l'on disait ou ne disait pas des origines
apostoliques de son pays. Entre les deux prétendues traditions, il a éliminé celle qui eût été glorieuse pour les Espagnols, évidemment parce qu'il la savait dépourvue de toute
attache dans l'opinion locale.

Après ce que je viens de dire, on ne s'étonnera pas que le
catalogue byzantin, connu en Espagne dès avant la fin du
viie siècle, ait laissé des traces dans la littérature de ce pays.
J'ai déjà dit qu'il fait le fond du livre [1] *De ortu et obitu Patrum* attribué à saint Isidore ; les notices grecques y sont re-
produites plus ou moins complètement [2]. A la fin, on trouve
une petite récapitulation : *Petrus namque Romam accepit,
Andreas Achaiam, Iacobus Hispaniam*..., qui se termine
par une note sur saint Paul, prédicateur universel. Ce petit
catalogue reparaît dans un fragment du Commentaire sur
Nahum, attribué à saint Julien de Tolède, et dans le Commentaire de saint Béat (fin du viiie siècle) sur l'Apocalypse [3]. Le

Compostelle. En 686, il n'y avait pas encore de Compostelle, ni, par suite,
de rivalité entre Compostelle et Tolède.

1. Je devrais plutôt dire de la seconde partie du livre, car il y en a
deux, consacrées l'une aux saints de l'Ancien Testament, l'autre à ceux du
Nouveau.

2. Abdias aussi a été mis à contribution. Voir la notice de saint Jean.

3. *S. Beati in Apocalypsin commentaria*, éd. Florez ; Madrid, 1770,
p. 97. Je le trouve aussi dans une hymne rééditée depuis peu par le
P. Dreves, *Anal. hymnica*, t. XXVII, p. 187, Cette hymne est contem-
poraine du roi asturien Maurecat (783-788).

premier de ces deux commentaires est fort contesté. Je ne crois pas, quant à moi, qu'on puisse le considérer comme authentique [1].

Quant au livre *De ortu et obitu Patrum*, il n'est pas douteux que saint Isidore n'en ait écrit un sous ce titre; saint Hildefonse l'atteste expressément [2]; mais rien ne prouve que son texte nous soit parvenu intact. On a déjà vu que des deux recensions qui circulent, une seule est retenue par Arevalo. Celle-ci, les critiques non espagnols s'accordent à la juger au moins interpolée. Sans entrer dans le détail de cette question d'histoire littéraire, je soumettrai au lecteur le chapitre relatif à saint Jacques. Il sera facile de voir qu'on ne saurait, sans imprudence, l'attribuer au docte évêque de Séville. En regard du latin d'Isidore (?), je dispose celui des textes byzantins [3] qui s'en rapproche le plus.

Iacobus, filius Zebedaei,	Ἰάκωβος ὁ τοῦ Ζεβεδαίου
quartus in ordine,	
duodecim tribubus	ταῖς δώδεκα φυλαῖς
quae sunt in dispersione gentium	ταῖς ἐν τῇ διασπορᾷ
scripsit, atque Hispaniae et Occidentalium locorum gentibus	
evangelium praedicavit.	ἐκήρυξε τὸ εὐαγγέλιον.
Hic ab Herode tetrarcha	Ὑπὸ δὲ Ἡρώδου τοῦ τετράρχου
gladio caesus occubuit.	ἀνῃρέθη μαχαίρᾳ.
Sepultus in Marmarica.	Ἐκομίσθη δὲ ἐν πόλει τῆς Μαρμαρικῆς

Le texte grec contient deux bévues : l'une consiste à

1. Il ne figure pas dans l'énumération fort détaillée des écrits de Julien par son contemporain et successeur Félix de Tolède (Migne, *P. L.*, t. XCVI, p. 448).. En vain dirait-on que cette énumération ne comprend pas la vie de saint Hildefonse, écrite pourtant par Julien. D'abord, il n'est nullement sûr que cette vie soit de Julien plutôt que de Félix lui-même. Fût-elle de Julien, qu'elle aurait fort bien pu être omise par Félix, car ce n'est qu'un chapitre additionnel au *De viris illustribus* d'Hildefonse. Du reste, après ce qui vient d'être dit sur le cas que Julien faisait de la tradition de saint Jacques, on admettra difficilement qu'il puisse être l'auteur d'un livre où cette tradition est acceptée sans correction.

2. *De viris illustr.*, c. 9.

3. Lipsius, t. II², p. 209, note 3.

confondre Jacques fils de Zébédée avec Jacques, frère du Seigneur, auteur de la lettre qui porte en tête l'adresse ταῖς δώδεκα φυλαῖς ταῖς ἐν τῇ διασπορᾷ; l'autre est encore une confusion: on a pris le roi Hérode Agrippa pour le tétrarque Hérode Antipas. Admettons que celle-ci soit vénielle. Quant à la première, qui est énorme, le rédacteur latin ne s'est pas borné à la reproduire; il l'a précisée par le mot *scripsit*[1]. On voit combien il est invraisemblable qu'un tel écrit soit de saint Isidore[2]. L'auteur du *Breviarium apostolorum*, qui n'était pourtant pas un bien grand clerc, a eu soin de corriger les deux fautes. Voici son texte :

Iacobus, *qui interpretatur Supplantator*, filius Zebedaei, *frater Iohannis*. Hic Spaniae et Occidentalia loca praedicatur et sub Herode gladio caesus occubuit; sepultusque est in *Achaia* Marmarica.

La rédaction du *Breviarium* est reproduite mot à mot dans le *De ortu et obitu PP*, 2e rédaction; on s'est borné à y intercaler un petit développement oratoire après les mots *frater Iohannis*.

On voit, par la comparaison de ces textes, que non seulement le recueil en général, mais l'article de saint Jacques en particulier, représente tout autre chose que l'œuvre d'un auteur sérieux.

Du reste, saint Isidore, qui a eu tant d'occasions de parler de saint Jacques et surtout de sa mission en Espagne, ne fait mention de celle-ci dans aucun de ses écrits certains. On remarquera surtout son silence dans le passage des Étymologies (VII, 9) où il traite spécialement du fils de Zébédée, et aussi dans sa Chronique, où il n'est point avare de renseignements sur les apôtres et leurs missions. Ce que je dis de saint Isidore, on peut le répéter de saint Hildefonse, de saint Julien et de bien d'autres.

1. Je sais que beaucoup d'auteurs espagnols suppriment ce *scripsit*, et, avec lui, une partie de la difficulté; mais c'est là une correction arbitraire et intéressée. Le *scripsit* est attesté par les manuscrits et par Fréculf.

2. Isidore, *Proæmia in libros V. et N. T.*, c. 100, attribue expressément l'épître au frère du Seigneur.

La vieille liturgie mozarabique, autant qu'on en peut juger par les manuscrits antérieurs au xiie siècle [1], ne témoigne pas d'une sollicitude spéciale pour saint Jacques. L'apôtre était fêté vers la fin de décembre, le 27 ou le 28, avec son frère saint Jean. Cette association et cette date ne sont pas particulières à l'Espagne; elles rentrent dans un système de commémorations apostoliques dont les origines doivent être cherchées en Orient [2]. La fête spéciale du 25 juillet, marquée déjà au vi^e siècle dans le martyrologe hiéronymien, ne s'introduisit que très tard en Espagne; elle manque dans beaucoup de calendriers du xe et du xie siècle [3].

De ce qui a été exposé jusqu'ici, il résulte :

1° Qu'avant le ixe siècle, l'apostolat espagnol de saint Jacques n'est mentionné que dans une version latine du catalogue apostolique byzantin et dans les livres qui dépendent de cette version;

2° Que ni ce catalogue, dans son texte grec original, ni les additions qui caractérisent ses remaniements latins n'ont aucun titre à représenter une tradition quelconque, à plus forte raison une tradition espagnole;

3° Que saint Julien de Tolède (686) a connu leur assertion relative à saint Jacques et qu'il l'a écartée.

---

1. Il en est autrement dans les livres imprimés depuis le temps du cardinal Ximenès; mais ceux-ci ne sauraient entrer en ligne de compte

2. Sur cette question, voir mes *Origines du culte chrétien*, pp. 256 et suiv.

3. Je la trouve dans le calendrier de Cordoue, de l'année 961, publié par Simonet, *Santoral Hispano-Mozarabe*, Madrid, 1871; elle manque dans les livres et calendriers publiés par dom G. Morin dans son édition du *Liber Comicus*, Maredsous, 1893, et aussi dans les passionnaires de Silos conservés à la Bibliothèque nationale, n°s 2179, 2180.

II.

LE SANCTUAIRE DE COMPOSTELLE.

Maintenant, il faut bien noter une chose, c'est que si les textes latins du catalogue byzantin ont pu inculquer l'idée de l'apostolat espagnol de saint Jacques, ce n'est pas d'eux que provient la tradition de sa sépulture en Galice. Pour autant que les catalogues indiquent son tombeau, ils s'accordent à ne pas le marquer en Espagne[1]. L'apôtre est enterré tantôt en Judée, tantôt à Césarée de Palestine, tantôt, comme dans les textes cités plus haut, en Marmarique, c'est-à-dire dans le pays à peu près désert qui s'étend entre la branche occidentale du Nil et la Cyrénaïque. Le texte que les versions latines ont propagé en Occident nomme justement la Marmarique. Dans celui du *Breviarium*, il y a une grosse faute : saint Jacques y est dit reposer *in Achaia Marmarica*. Le mot *Achaia* provient sans doute d'une transposition accidentelle : il figure dans la notice de saint André, qui vient immédiatement avant celle de saint Jacques.

Dans un manuscrit grec de Vatopédi, au lieu de ἐν πόλει τῆς Μαρμαρικῆς, on lit ἐν ἄκη τῆς Μαρμαρικῆς[2]. Cet ἄκη n'a pas de sens; il a dû y avoir d'abord autre chose dans le texte grec.

Quoi qu'il en soit, les textes fort nombreux qui dépendent des catalogues, soit immédiatement, soit par l'intermédiaire du *Breviarium*, offrent ici diverses leçons qui dérivent évidemment de l'une ou l'autre de ces fautes. La sépulture de saint Jacques y est indiquée *in azt Marmaria, in arce Mar-*

---

1. Voir les textes réunis par Lipsius, *Apostelgeschichten*, t. III, p. 208.

2. Lipsius, t. IV, p. 79. Dans les noms de lieu de la Marmarique, je ne vois guère à rapprocher que celui de l'oasis d'Ammon, Ἀμμωνιακή. Le terme de Marmarique, Μαρμαρική, a servi à désigner un des sièges épiscopaux de la Libye IIe; ce siège est marqué dans la Notice des évêchés du patriarcat d'Alexandrie (*Byzantinische Zeitschrift*, t. II, p. 26; cf. Le Quien, *Oriens christ.*, t. II, p. 637). Était-ce une ville, un canton, une oasis?

maria, in arce Maremalica, in arca Marmarica, in arce Marilima, etc. En dépit de toutes ces transformations, le lieu indiqué demeure toujours en Marmarique, c'est-à-dire en un pays fort éloigné de l'Espagne. Ce n'est donc pas en parlant des catalogues que l'on a pu chercher saint Jacques en Galice.

De tous les documents incontestés du culte de saint Jacques en Galice, le plus ancien est un texte du martyrologe d'Adon, rédigé vers l'année 860. Au 25 juillet, Adon se contente de marquer la fête de l'apôtre sans aucune référence géographique; mais dans le *Libellus de festivitatibus ss. apostolorum,* qui figure en tête du martyrologe proprement dit, il s'exprime ainsi : *VIII kal. aug. Natale Iacobi apostoli fratris Iohannis evangelistae qui decollatus est ab Herode rege Hierosolymis, ut liber Actuum Apostolorum docet. Huius beatissimi apostoli sacra ossa ad Hispanias translata et in ultimis earum finibus, videlicet contra mare Britannicum condita, celeberrima illarum gentium veneratione excoluntur* [1].

L'histoire antérieure de l'église galicienne ne fournit aucun point d'attache à ce culte si célèbre. Il est même à noter que, dans ces contrées, on ne signale aucun martyr, aucun saint particulièrement vénéré, si ce n'est saint Martin de Braga, qui est du vi⁰ siècle. La Galice, aux derniers temps du régime romain, se présente à nous comme la terre bénie du priscillianisme. Cette hérésie s'y conserva, en dépit de toutes les répressions, jusqu'à la fin du vi⁰ siècle à tout le moins. Et il faut remarquer que ce n'est pas dans les parties orientales et méridionales de la province qu'elle résista le plus longtemps. Symphose, évêque d'Astorga, l'un des principaux fauteurs de ce mouvement, se rallia à l'orthodoxie au concile de Tolède tenu en 400. Il en fut de même de l'évêque de Braga, Paternus, et, depuis lors, les deux sièges de Braga et d'Astorga devinrent des forteresses de l'orthodoxie. Mais, dans l'ouest du

---

1. Ce texte a été répété ensuite dans les martyrologes d'Usuard et de Notker, postérieurs à celui d'Adon.

pays, l'hérésie avait jeté des racines plus profondes. Au temps du concile de Tolède, on n'y signale qu'un seul évêque catholique, Ortigius, d'*Aquae Celenae*, localité située un peu au sud d'Iria; encore les Priscillianistes l'avaient-ils chassé et contraint à s'exiler. Le reste de l'épiscopat galicien était intraitable; il fallut procéder à une déposition en masse. Comme le concile avait l'appui des autorités impériales, il n'est guère douteux que l'on n'ait au moins essayé d'exécuter ses décisions. Mais l'invasion suève (409) vint bientôt éliminer les fonctionnaires romains; les hérétiques respirèrent à l'aise. Au milieu du siècle suivant, les rois suèves s'étant convertis, leur autorité fut mise au service de l'Église catholique, et depuis lors nous voyons tous les sièges occupés par des prélats en communion avec le métropolitain de Braga. Mais tout n'était pas fini : les conciles provinciaux de 561 et 572 eurent encore fort à faire avec les Priscillianistes. C'était même leur plus gros souci. On peut voir par celui de 561 que le principal refuge des hérétiques était à l'extrémité nord-ouest de la Galice, *in ultimis huius provinciae regionibus*, c'est-à-dire précisément dans le diocèse d'Iria Flavia[1].

Si les catholiques en ces contrées n'avaient pas de saints locaux, il en était autrement des Priscillianistes. Chez eux, le chef de la secte était en grand honneur. On sait qu'il fut exécuté à Trèves en 385 avec deux de ses clercs, Felicissimus et Armenius. Quatre autres de ses disciples, Latronianus, Euchrotia, Asarivus et Aurelius, ces deux derniers diacres, furent également décapités. Mais ces supplices ne firent qu'exalter l'enthousiasme de leurs partisans. Les sept cadavres furent ramenés en Espagne, enterrés en grande pompe et honorés comme ceux des martyrs.

Où furent célébrées ces funérailles triomphales? Priscillien était évêque d'Abila en Lusitanie; mais il est peu probable que son culte ait fleuri dans cette contrée, qui revint de suite

---

1. On ne peut songer au diocèse de Britonia, lequel était formé par une colonie bretonne sans attaches aucunes avec le priscillianisme.

à l'orthodoxie. Il n'y a non plus aucun texte, aucun indice qui permette de croire que les soi-disant saints des Priscillianistes aient eu leur sépulture en Galice, bien que, comme on l'a vu, ce pays fût celui où ils conservèrent le plus longtemps la sympathie du populaire.

Au VIIe, au VIIIe siècle, il n'est plus question du priscillianisme. Cette hérésie disparait. L'église suève elle-même est absorbée par l'église wisigothique. Le silence ou peu s'en faut se fait sur la Galice.

D'abord conquise par les Arabes, cette province fut bientôt reprise par les princes asturiens, auxquels elle obéissait depuis près d'un siècle quand Adon consigna dans son martyrologe le fait public du culte de saint Jacques en ces contrées.

Antérieurement à Adon se présentent les trois plus anciennes chartes[1] de Compostelle, lesquelles se réclament des rois Alphonse II le Chaste, Ranimir Ier et Ordoño Ier, et portent des dates correspondant aux années 829, 844, 854. D'après ces documents, dont l'authenticité n'est pas admise par tout le monde, le corps de saint Jacques aurait été « révélé » sous Alphonse le Chaste, au temps de l'évêque d'Iria, Théodemir. Le lieu de la découverte est le territoire d'Amaea, *in finibus Amaeae*[2], ainsi appelé dans le diplôme de 854. Aucun renseignement n'est donné sur les circonstances du fait, sur les signes auxquels on a reconnu l'identité du corps saint, sur les motifs qui ont déterminé les recherches. Le corps de saint Jacques a été « révélé »; voilà tout ce que nous trouvons dans ces vieilles chartes et dans celles qui leur font suite jusqu'à la fin du IXe siècle.

---

1. Florez, *Esp. sagr.*, t XIX, appendice. Dans la préface de ce volume, Florez dit que les chartes galiciennes qu'il publie lui ont été envoyées par le chapitre de Compostelle ; mais il ne marque pas si elles sont conservées en original ou réunies en un cartulaire. Dans leur livre, *Recuerdos de un viaje a Santiago de Galicia*, le P. Fita et M. Fern. Guerra ne donnent non plus aucun renseignement à ce sujet.

2. Ce nom se conserve dans celui de la localité d'*Ames*, située à environ 12 kilomètres à l'ouest de Santiago.

Il faut dire que le culte de saint Jacques était encore, même dans le royaume asturien, moins en vue que la note d'Adon ne le donnerait à croire; les deux chroniques locales du IXe siècle[1], le *Chronicon Sebastiani* et le *Chronicon Albeldense*, n'en soufflent pas le moindre mot. Adon s'est probablement fait l'écho de quelque pèlerin enthousiaste.

Quoi qu'il en puisse être de la notoriété du sanctuaire galicien dans l'ensemble du royaume des Asturies, le culte de saint Jacques ne cessa[2] de prospérer à Compostelle et l'on vit bientôt se produire, en dehors des chartes, des documents soi-disant historiques destinés à expliquer ses origines.

Au XIIe siècle, alors que Santiago était arrivé au plus haut degré de splendeur, on y voyait deux livres fort instructifs sur ce point. L'un d'eux, connu sous le nom d'*Historia Compostellana*[3], traite surtout des événements contemporains des narrateurs, lesquels s'arrêtent à l'année 1139; c'est une histoire de l'évêque Diego Gelmirez, mais il y est aussi question des temps anciens, de la translation de saint Jacques et de la découverte de son tombeau. L'autre livre était un recueil assez complexe[4]. On y trouve une *Translatio s. Jacobi*, suivie d'une lettre de saint Léon, pape: puis un recueil de miracles de saint Jacques, censé formé par le pape Calixte II; la passion de saint Eutrope de Saintes; l'histoire fabuleuse de Charlemagne par le pseudo-Turpin; enfin, une lettre apocryphe d'Innocent II[5], laquelle authentique l'ensemble. De cette

---

1. Migne, *P. L.*, t. CXXIX, pp. 1111 et suiv.

2. Vers la fin du xe siècle, il y eut une crise. Al Manzor s'empara deux fois de Compostelle (988 et 994); le sanctuaire fut pillé et brûlé.

3. Florez, t. XX; Migne, *P. L.*, t. CLXX.

4. Migne, *P. L.*, t. CLXIII; cf. *Histoire littéraire*, t. XXI, p. 274; L. Delisle, *Note sur le recueil intitulé De miraculis s. Jacobi* dans le *Cabinet historique*, t. XXIV, p. 1; voir aussi le *Catalogus codd. hagiogr. latin. bibl. Parisiensis.* t. I, p. 231 (notice du ms. Par. 3550); Fita et Guerra, *Recuerdos*, etc., pp. 42 et suiv.; Ulysse Robert, *Histoire du pape Calixte II*, pp. 235 et suiv.; Dreves, *Analecta hymnica medii aevi*, t. XVII, p. 5.

5. Jaffé, 8286.

collection, les deux premières pièces, la *Translatio* et la lettre du pape Léon, sont les seules dont il y ait lieu de s'occuper ici.

La *Translatio*[1] raconte que saint Jacques vint en Espagne après l'ascension du Sauveur, qu'il y convertit quelques personnes, que, notamment, sept disciples le suivirent quand il repartit pour Jérusalem. Après son martyre, ils recueillirent son corps et s'embarquèrent sur un navire qui, en sept jours, les transporta à Iria. Désireux de donner à l'apôtre un tombeau convenable, ils allèrent trouver une matrone appelée Luparia et lui demandèrent de leur céder un temple situé dans une de ses propriétés. Cette personne, païenne et mal disposée, les adressa au roi de la contrée, qui leur fit le plus mauvais accueil. Les disciples prirent la fuite, poursuivis par ce méchant prince. Sur leur route se trouvait un pont : ils le traversèrent et il s'écroula au moment où les persécuteurs étaient en train de le passer à leur tour. Cet accident fit réfléchir Luparia; cependant, pour se débarrasser des solliciteurs, elle les envoya dans la montagne, où ils eurent affaire d'abord à un dragon, puis à des bœufs sauvages. Ils triomphèrent et des dragons et des bœufs. La montagne s'appelait *mons Ilicinus*[2]; les disciples changèrent son nom en celui de Mont sacré.

Leur succès finit par convaincre la matrone, qui se convertit et entraîna la population par son exemple. Le temple fut

1. Publiée par les Bollandistes dans le *Catalogue des mss. hagiographiques de Bruxelles*, t. I, p. 66. La dernière phrase, *Hœc sunt nomina septem discipulorum*, manque dans d'autres exemplaires; elle est sûrement étrangère au texte primitif. — Remarquer le rythme de ce document; il rappelle tout à fait celui de la Chronique de Tolède (*Isidorus Pacensis*). — Les anciens Bollandistes avaient cru bien faire en éliminant comme trop absurde ce texte, qui est probablement le plus ancien document espagnol du culte galicien. Le P. Fita disserte longuement sur le *Codex calixtinus* (*Recuerdos, l. c.*), mais il parle à peine de la Translation. Dans son appendice, p. 126, il en réédite un remaniement oratoire, publié en 1605 dans la *Bibliotheca Floriacensis* de Jean Dubois.

2. Montagne des Yeuses.

vidé de ses idoles; on y creusa un tombeau, et l'apôtre y reçut enfin la sépulture. Les disciples se dispersèrent pour prêcher l'Évangile; mais trois d'entre eux demeurèrent jusqu'à la mort auprès du saint tombeau.

On pourrait croire que ce récit représente une tradition populaire locale. Il n'en est rien : c'est un plagiat pur et simple. Bien longtemps avant que la *Translatio* de saint Jacques ne fût en circulation, la même histoire, sauf ce qui concerne l'apôtre, était racontée dans un autre canton de l'Espagne à propos de sept saints dont le culte est assez ancien. Adon, au 15 mai de son martyrologe, en donne un résumé. Sept évêques, Torquatus, Ctesiphon, Secundus, Iudaletius, Caecilius, Hesychius et Euphrasius, sont ordonnés à Rome par les apôtres et envoyés en Espagne. Ils se présentent d'abord à *Acci*, actuellement Guadix, localité située à l'est de Grenade, dans l'extrême sud de la province carthaginoise. Comme ils se reposaient à proximité de la ville, les païens, qui célébraient une fête, se précipitèrent sur eux et les mirent en fuite. Les évêques franchirent un pont, lequel s'écroula aussitôt sous le poids de ceux qui les poursuivaient. Une « sénatrice » appelée Luparia donna alors le signal de la conversion. Puis les apôtres se dispersèrent et allèrent fonder des églises dans la région, à Illiberris (Grenade), Urci, Illiturgi, etc. Adon raconte que, le jour de la fête de l'un d'eux, saint Torquatus d'Acci, c'est-à-dire le 15 mai, un olivier planté près de son tombeau donnait des fruits mûrs.

Nous avons ici les sept évangélistes, la matrone Luparia et l'histoire du pont écroulé, tout comme dans la *Translatio* galicienne. Je ne saurais dire si le rôle d'abord hostile de Luparia, la lutte contre le dragon et les bœufs sauvages, ainsi que le *Mons Ilicinus*, devenu le *Mons Sacer*, figuraient aussi dans la légende d'Acci[1]. Comme nous ne la connaissons

1. Le *Picosagro* est connu dans le pays de Galice. Une charte de 914, citée par le P. Fita (*op. cit.*, p. 120), le mentionne en termes qui supposent l'existence de la *Translatio*. C'est une montagne située à deux lieues à l'est de Santiago. On indique aussi, sur la rivière de Tambre, l'endroit où se trouvait le pont. Florez (*Esp. sagr.*, t. XIX, p. 43) conteste ces loca-

que par le résumé du martyrologe, il est bien possible qu'elle ait été plus étendue et que l'on y ait consigné d'autres épisodes que ceux qu'Adon en a tirés.

Quoi qu'il en soit, le plagiat est certain. L'auteur de la *Translatio* s'est emparé d'une histoire qui circulait à l'autre extrémité de l'Espagne sur des saints des environs de Grenade, et l'a transportée en Galice. Il était d'ailleurs assez naturel que l'on mît en rapport avec saint Jacques les sept saints considérés, au moins dans certaines parties de l'Espagne, comme ayant été les premiers apôtres de ce pays [1].

En dehors de cette légende espagnole, la *Translatio* ne paraît s'inspirer d'aucun autre document. Cependant, il est à noter qu'elle suppose non seulement le fait de la sépulture de saint Jacques en Galice, mais aussi celui de sa prédication en Espagne.

Après la *Translatio* se présente la lettre du pape Léon, document dont on a toujours fait le plus grand état en cette affaire. On la suppose émanée de Léon III (795-816), lequel aurait été contemporain de la découverte du corps saint et l'aurait authentiquée tout aussitôt. Mais il est clair que ceux qui ont ainsi parlé de cette pièce ne l'avaient pas lue, ou du moins qu'ils se sont étrangement trompés sur l'intention qui l'a dictée. Il ne s'agit nullement ici d'une authentication

lisations ; du reste, il ne se fait pas une idée exacte des rapports entre la *Translatio* et l'*Historia Compostellana*. — Les localités d'*Amaia*, *Monte sacro*, *Montes Luparia* figurent dans la description des diocèses galiciens, que certains manuscrits d'Isidore adjoignent à son histoire des Suèves. Ces manuscrits dérivent d'un texte constitué au commencement du XII° siècle par Pélage, évêque d'Oviédo. (*M. G. Auct. Antiquiss.*, t. XI, pp. 262, 306.)

1. Cette légende est antérieure à Adon. On trouve, en effet, dans le petit Martyrologe romain, au 15 mai, la fête des sept saints, il est vrai sans rubrique géographique : *Torquati*, etc., *qui Romae ab apostolis ordinati sunt*. Ceci suffit à prouver qu'en Italie, vers le milieu du IX° siècle, l'histoire des sept apôtres espagnols était déjà connue. Elle l'était aussi en France, car Wandelbert la mentionne dans son martyrologe (848) : *Pontifices septem Hesperiam simul idibus ornant*. Les calendriers mozarabes n'omettent jamais la fête des sept saints, qu'ils placent au 1er mai.

Je reliques récemment mises au jour; la lettre ne dit pas un
mot de la découverte du temps de l'évêque Théodemir : elle
ne parle que de la translation; elle n'atteste que sa réalité. Le
corps de saint Jacques a été apporté par ses disciples de Jérusalem en Galice : voilà tout ce qu'elle dit et prétend garantir.
Comme d'ailleurs elle ne donne aucun numéro au pape Léon,
il n'y a pas de raison de croire que le faussaire ait songé à
Léon III plutôt qu'à l'un de ses homonymes. Je crois que ce
nom s'est présenté à son esprit à cause de la célébrité de saint
Léon Ier, connu en Galice comme ayant été en rapport avec
les évêques du pays[1].

, De cette lettre du pape Léon, on connaît maintenant trois
rédactions. La plus ancienne a été publiée en 1889 par les
Bollandistes dans le tome I de leur *Catalogue des manuscrits hagiographiques de Paris*[2]. Elle provient d'un manuscrit de Saint-Martial de Limoges[3], dans lequel elle a été
ajoutée, sur une page blanche, en écriture wisigothique du
Xe siècle; cette écriture tranche avec le reste du manuscrit,
qui est en lettre franque. Une autre rédaction, publiée d'abord
par le P. Fedel Fita et M. Fernandez Guerra[4], a été reproduite dans le t. I des *Acta sanctorum* de novembre, p. 21.
Elle provient d'un manuscrit de l'Escurial. La troisième est
celle du *Liber Calixtinus;* on la connaît depuis long-

---

1. Idace, dans sa Chronique, mentionne cette intervention du pape
Léon. Les *libri canonum* espagnols contenaient sa réponse à une consul-
tation célèbre de l'évêque d'Astorga, Turribius, à propos des Priscillianistes, puis le concile censé tenu en exécution de cette lettre, enfin l'en-
voi de ce concile à Balconius, métropolitain de Braga.

2. P. 101.

3. *Cod. Paris*, 2036. C'est sans doute à ce manuscrit qu'Adémar doit
ses idées sur les rapports de saint Jacques avec l'Espagne. *Hispania est
apostolatus Iacobi, licet non eam ipse praedicaverit, sed quia corpus eius
per mare septem discipuli eius Gallaeciam advehentes, primi in Hispania
Christi nomen annuntiaverunt et ibi sepelierunt magistri corpus.* (Migne,
P. L., t. CXLI, p. 100). Suivant lui, l'Espagne n'a pas été évangélisée
par saint Jacques, mais par ses *sept* disciples, qui ont amené son corps en
Galice. La lettre, en effet, n'en dit pas davantage. Si Adémar avait connu
la Translation, il n'aurait pas nié la prédication de l'apôtre.

4 *Recuerdos de un viaje a Santiago de Galicia*. Madrid, 1880, p. 120.

temps[1]. Je vais reproduire d'abord les deux premières, en regard l'une de l'autre, pour qu'on en voie bien le rapport[2].

I. — MANUSCRIT DE SAINT-MARTIAL.

In Dei nomine Leo episcopus regibus Francorum et Vandalorum, Gothorum et Romanorum.

Notescimus vobis de translatione beatissimi Iacobi fratris *sancti Iohannis* apostoli et evangelistae, et quo die dessecatum, est caput eius ab Herode rege Iherosolima et sic *inde* levatum est corpus eius navigio manu Domini gubernante; septima namque die requievit ratis in locum que dicitur Bisria inter duos rivos que dicitur Bisria. *Et sic* inde levatum est corpus eius *centro solis in aera* et sui discipuli flen lo et indulgentiam Deo petendo. *Et* elongaverunt XII milia ut sanctum corpus eius tumulatum est sub arcis marmaricis. Unde et *tres* discipuli *cum eo* in eodem loco sortem abent requiescendi, qui flatum draconis exstincserunt et argumenta eius dirruberunt in montem qui ab inilio vogatus erat hilicinus et ex tunc vocatus est[3] montem Sagro; nomina hæc sunt: Torquatus, Tysefons et Anastasius. Alii vero IIII[or] remeantes Iherosolima regresi sunt. *Qui et omnia conscripta nobis in*

II. — MANUSCRIT DE L'ESCURIAL.

In *Christi* nomine Leo episcopus *vobis in Christo credentibus et cuncto populo catholico.*

Notes-imus vobis de translatione beatissimi Iacobi *Zebedei* fratris Iohannis apostoli et evangeliste, *qui decollatus est* ab Herode rege in Hierosolima *ut liber Actus apostolorum docet. Huius beatissimi sacra ossa apostoli a Domino vero ordinante ad Hispanias translata, videlicet contra mare Britanicum condita.* Et sic levatum est de *Hierosolimis* corpus eius navigio *in rathem et* manu Domini gubernante *sic* requievit *inter Illa rathe et Sace* quod dicitur Bisria, *in locum Iliae.* Inde *vero* levatum est corpus eius a suis discipulis; flendo et indulgentiam petendo Deo, elongaverunt *eum de loco Ilie* XII[cim] miliarios, ubi corpus eius sanctum tumulatum est sub arcis marmoricis *occidentalis urbe cuius celeberrima illarum gentium veneratione excolitur.* Unde et *eius* discipuli, Tessefor, Torquatus et Anastasius *ibidem meruerunt requiem habere, et* alii vero quatuor *ascenderunt rathem*

---

1. Elle est jointe à la précédente dans les deux recueils indiqués pour celle-ci; Florez l'avait déjà insérée dans son *España sagrada*, t. III, app. n° 9.

2. Les spécialités de chacun des deux textes sont imprimées en italiques.

3. *Cod.* et.

MANUSCRIT DE SAINT-MARTIAL (Suite).

MANUSCRIT DE L'ESCURIAL (Suite).

sinodum relulerunt. Vos omnis christianitas qui ividem ibilis preces a Deo offerre , quia cerlum est quia ibi reconditum est corpus sancti Iacobi apostoli in pace.

et reversi sunt ad priorem Hierosolimam. Et dum essent pariter, flatum draconis destruxerunt per meritum beati Iacobi et eius instrumenta disruperunt in montem qui ab initio vocatus fueral Illicinus et ex tunc vocabimus eum montem Sacrum. Vos vero, fratres et in Christo fide habentes , pro nobis preces offerte Domino, quia quod superius diximus verum est.

Le premier texte est d'une barbarie effroyable et d'une absurdité qui passe toute expression. Il fait du pape Léon un contemporain de saint Jacques : c'est le pontife romain de l'année 44. Ce vicaire prématuré de saint Pierre adresse sa lettre aux rois, supposés chrétiens, des Francs, des Vandales, des Goths et des Romains. On se demande de quelle plume ont pu tomber de telles bévues. Peut-être y a-t-il erreur de copiste à l'endroit où l'on voit le corps de l'apôtre élevé *centro solis in aera;* cependant rien ne doit étonner ici.

Cette triple énormité a disparu dans la deuxième rédaction. Le pape écrit aux fidèles en général; il connaît saint Jacques par le livre des Actes ; ce qu'il dit de la translation ne lui a pas été envoyé « en synode » par les témoins du fait ; il n'est plus question du centre du soleil et de l'élévation dans les airs.

Une autre différence entre les deux rédactions, c'est que la deuxième intercale dans le texte primitif toute la notice d'Adon. La première n'offre aucune trace de cette dépendance littéraire. Mais il est clair que son auteur connaît la *Translatio* avec l'épisode du dragon et le *mons Illicinus.* Il la suit encore en ce qu'il fait enterrer saint Jacques par les sept saints, dont trois reçoivent la sépulture auprès de l'apôtre; il donne même les noms de ces privilégiés : Torquatus, Ctésiphon et Anastase. Ce dernier ne figure pas, il est vrai, dans

la liste traditionnelle des sept saints; mais c'est sans doute
une altération accidentelle, un *lapsus memoriae*.

Le second rédacteur a conservé tous les détails empruntés à
la *Translatio*. Il est un peu plus précis dans ses indications
topographiques. Dans la première rédaction, le lieu où la bar-
que (*ratis*) s'est arrêtée s'appelle *Bisria*[1], terme que l'on ex-
plique par *inter duos rivos*, étymologie bien extraordinaire.
Le second rédacteur connait les noms des deux rivières;
autant que je vois, il les appelle *Illa* et *Sare*, noms correspondant à ceux de l'Ulla et de son affluent le Sar. C'est dans
l'angle de ces deux cours d'eau que se trouve l'emplacement
de l'antique Iria (El Padron). De plus, il introduit le nom
d'Iria sous une forme altérée, mais usuelle alors : *in locum
Illae*.

Une expression significative, qui manque encore à la
Translatio, fait son apparition sous la plume de Pseudo-Léon;
c'est celle par laquelle est indiqué le lieu précis de la sépulture apostolique : *sub arcis marmaricis*. Là se trahit une
dépendance littéraire très importante. Cette expression dé-
rive sûrement du Catalogue des apôtres; elle se rattache à
l'indication de la Marmarique comme lieu de sépulture de
saint Jacques. Grâce à une retouche, *arcus* pour *Achaia*
(*arce*, ἄκη?), on est parvenu à transporter en Galice la localité des catalogues.

Ainsi, la première rédaction de la lettre de saint Léon dépend de la *Translatio* et des Catalogues; la deuxième dépend
aussi d'Adon.

La troisième n'a vraiment de commun avec les précédentes
que l'intention, le plan général et le nom de l'auteur supposé.
C'est une rédaction toute différente, exempte des absurdités
de la première, écrite en un latin à peu près convenable.
L'auteur ne s'est point inspiré d'Adon. Ses sources se recon-
naissent aisément : la *Translatio* lui a fourni beaucoup; de
plus, il a eu sous les yeux la *Passio s. Iacobi* qui figure

---

1. On appelle *ria*, dans le pays galicien, les estuaires profonds qui dé-
coupent la côte et auxquels aboutissent les rivières.

dans le recueil du faux Abdias. C'est là qu'il a trouvé le grand-prêtre Abiathar et le disciple Josias. Le lieu de la sépulture n'est pas indiqué par les mots *sub arcis marmaricis* ; il s'appelle *Liberum Donum*.

Le rédacteur paraît aussi avoir été préoccupé d'une concurrence à propos des ossements sacrés ; il a soin de marquer que c'est le corps entier, *integrum corpus*, de saint Jacques qui a été transporté en Espagne.

Ce qu'il y a de plus important, c'est que, pour la première fois, on voit ici la translation apostolique dégagée de l'histoire des sept saints. Dans la *Translatio*, ces personnages ont été convertis en Espagne même par saint Jacques; ils l'ont suivi à Jérusalem, en ont rapporté son corps; puis trois d'entre eux sont restés en Galice, pendant que les autres s'adonnaient à la prédication. Les deux premières rédactions, qui, pas plus que la troisième, ne parlent de l'apostolat de saint Jacques en Espagne, font cependant ramener son corps par sept disciples. Là aussi, trois de ces sept demeurent près du saint tombeau, tandis que les quatre autres repartent pour la Palestine. Nous avons vu que les noms de ceux qui restèrent sont empruntés à la liste des sept saints d'Acci. Le troisième rédacteur de la lettre de Léon respecte le groupe des sept saints; il réduit à deux le nombre des disciples restés en Galice et les appelle Athanase et Théodore, noms nouveaux, en tout cas étrangers à la liste d'Acci. Il sait de plus que ces deux disciples ont été enterrés à droite et à gauche de l'apôtre.

On peut se demander à quelle date remonte ce changement dans la tradition. Il est sûr que l'*Historia Compostellana* (1139) dépend de la troisième rédaction. Un document de l'année 1077, un accord passé entre deux autorités locales de Compostelle, l'évêque Diego Pelaez et Fagild, abbé du monastère de Antealtares, cite également une lettre de saint Léon [1]. Les

---

1. « Dubium quidem non est... sicut testimonio B. Leonis didicimus papae, quod beatissimus Apostolus Iacobus Hierosolimis *decollatus*, a discipulis *Ioppem* asportatus, ibi non parvo tempore a Domino custoditus, ad ultimum Hispaniam *navigio, manu Domini gubernante sit* translatum... » — Le terme *decollatus* est propre à la deuxième rédaction; mais il

expressions dont il se sert semblent plus voisines de la première rédaction que des deux autres; cependant, le port de Joppé y est mentionné comme dans la troisième. Il est vrai qu'il était aisé de trouver ce détail, Joppé étant connue pour être le port de Jérusalem. S'il était certain que cette mention de Joppé a été fournie au rédacteur de la charte par la lettre de saint Léon, il faudrait admettre que la troisième rédaction de celle-ci existait déjà en 1077.

Il est sûr, en tout cas, que sa première référence, soit que l'on en voie une dans l'acte de 1077, soit que l'on descende jusqu'à l'*Historia Compostellana* (1139), se place au temps de la reconstruction de la basilique. Les travaux de construction ne commencèrent, à la vérité, qu'en 1082 (*Hist. Comp.*, III, 1; Florez, p. 473), mais ils durent être précédés d'une période d'études préparatoires. Ces travaux durent attirer l'attention sur la crypte et sa distribution intérieure; alors, plus que jamais, on dut se rendre compte du nombre des tombeaux qu'elle contenait et constater qu'il n'y en avait en réalité que trois : celui de l'apôtre et deux autres, à droite et à gauche.

J'inclinerais donc, à croire, sans toutefois le garantir, que l'apparition d'Athanase et de Théodore est en rapport avec ces constatations; elles ont pu, d'ailleurs, être faites avant même que l'on ne s'occupât de reconstruire l'église. On aura réfléchi en même temps à l'inconvénient que présentait l'agglutination de la légende des sept saints d'Acci avec la tradition galicienne de la Translation : les sept saints ont été laissés à leur pays et l'on s'est arrangé de manière à ne blesser personne par des revendications incongrues. Ces corrections s'exprimèrent d'abord dans une nouvelle rédaction de la let-

était naturel de le substituer au *dissecatum* du texte de la rédaction primitive Le groupe *navigio manu Domini gubernante* caractérise la première. — Je cite cette pièce d'après Bartolini, *Cenni biografi di s. Giacomo, apostolo.* Rome, 1885, p. 211, qui ne dit pas où il l'a prise. Florez (*Esp. sagr.*, t. XIX, p. 22 B, 203) l'a connue. Les passages allégués ici l'ont été aussi par Mauro Castellá Ferrer, dans son *Historia del apostol Sanctiago*, publiée en 1610, p. 218.

tre de saint Léon ; de là elles passèrent dans l'*Historia Compostellana*, et la tradition prit sa forme définitive.

Mais la *Translatio*, fort heureusement, s'est conservée ; elle nous permet de juger de la forme primitive. Or, si de ce document on retranche tout ce qui provient de la légende des sept saints, que reste-t-il ? Il reste :

1º Que saint Jacques est venu en Espagne de son vivant ;

2º Que les sept saints d'Acci sont ses disciples ;

3º Que, l'ayant suivi en Palestine, ils rapportèrent son corps en Galice ;

4º Que trois d'entre eux furent enterrés près de lui.

De ces quatre faits, la tradition postérieure a répudié les trois derniers, attribuant à d'autres disciples le rôle confié aux sept saints et restreignant à deux le nombre des compagnons de sépulture de l'apôtre.

De ce qui vient d'être dit, il résulte que, au temps où la *Translatio* a été rédigée, on ne savait rien, absolument rien, sur les circonstances du transport de saint Jacques en Galice ; le rôle donné aux sept saints est évidemment une conjecture, une combinaison sortie non de la tradition, mais de l'imagination du rédacteur. En éliminant ce système, l'auteur de la lettre définitive de saint Léon l'a traité selon ses mérites. Seulement, il aurait bien fait lui-même d'indiquer où il prenait les deux nouveaux disciples Athanase et Théodore.

Si nous ne pouvons savoir quand et comment saint Jacques a été apporté en Galice, peut-être avons-nous chance de nous renseigner sur la date et les circonstances de l'invention de ses reliques et sur la fondation du sanctuaire galicien ? — Hélas ! ici encore nous sommes réduits à bien peu de chose. Des trois chartes qui se donnent comme antérieures au martyrologe d'Adon, la deuxième, celle de 844, est certainement apocryphe ; des personnes peu suspectes de sévérité en disent autant de la première, avec laquelle la troisième est tellement apparentée que le sort de l'une entraine le sort de l'autre. Du reste, nous accepterions les yeux fermés toutes les pièces du chartrier de Santiago que nous n'en serions pas beaucoup plus avancés. Le diplôme n° 1, celui d'Alphonse le Chaste, daté de 829, constaterait seulement [1] que la « révélation » de saint Jacques eut lieu sous ce roi (792-842), avant la date de la charte, c'est-à-dire entre 792 et 829. La façon dont le culte galicien est mentionné par Adon suppose une possession établie ; le martyrologe tout seul autoriserait à reporter à trente ans au moins en arrière, c'est-à-dire vers les années 820-830 l'établissement d'une dévotion déjà si célèbre au milieu du ix° siècle.

On peut donc faire abstraction des chartes et de leur authenticité en ce qui regarde la date de la « révélation ». Quant aux circonstances du fait, il est inutile de les demander à ces documents ; jamais ils n'en disent le moindre mot. Il faut descendre jusqu'à l'acte de 1077. C'est là que nous trouvons le récit suivant [2] : « Au temps d'Alphonse le Chaste, un anachorète appelé Pélage fut averti par les anges que le corps de l'apôtre reposait dans son voisinage ; puis des fidèles demeurant près de l'église Saint-Félix de Lovio aperçurent des lumières qui indiquaient le lieu précis. Ils avertirent l'évêque d'Iria, Théodemir, lequel fit faire des recherches et trouva le tombeau de saint Jacques, abrité par des pierres de marbre. Aussitôt le roi Alphonse fut averti ».

L'*Historia Compostellana* raconte à peu près les mêmes choses ; cependant elle ne cite pas le nom du moine Pélage [3],

---

1. « Huius enim beatissimi apostoli pignora, videlicet sanctissimum corpus, revelatum est in nostro tempore. Quod ego audiens cum magna devotione, etc. » (Florez, t. XIX, p. 329.)

2. « Temporibus... Adefonsi qui vocatur Castus, cuidam anachoretae, nomine Pelagius, qui non longe a loco in quo apostolicum corpus tumulatum iacebat degere consueverat, primitus revelatum esse angelicis oraculis dignoscitur. Deinde sacris luminaribus quam pluribus fidelibus in ecclesia s. Felicis de Lovio commorantibus ostenditur. Qui inito consilio Iriensem episcopum dominum Theodomirum arcessiverunt sanctam visionem illi detegentes. Qui indicto triduano ieiunio fidelium coetibus aggregatis, b. Iacobi sepulchrum marmoreis lapidibus contectum invenit ; qui maximo gavisus gaudio religiosissimum regem praefatum vocare non distulit. »

3. On conçoit que le document de 1077 ne l'ait pas négligé. Le monas-

ni l'église Saint-Félix de Lovio[1]. Ce sont des personnages considérables, *quidam personali et magnae auctoritatis viri*, qui viennent trouver l'évêque Théodemir et lui disent avoir vu souvent des lumières dans un bois de leur voisinage et que des anges leur ont apparu à plusieurs reprises. L'évêque se rend sur les lieux et voit lui-même briller les lumières. Alors, il entre dans le bois et découvre, au milieu des arbres et des broussailles, un petit édifice, à l'intérieur duquel se trouvait un tombeau de marbre, *quamdam domunculam, marmoream tumbam intra se continentem*. Il avertit aussitôt le roi.

Ce récit, qui ne se manifeste que deux siècles et demi après le fait, n'est pas tout à fait rassurant. Pour des gens du IXᵉ siècle ou du XIᵉ, ces lumières merveilleuses, ces apparitions d'anges étaient des garanties suffisantes. Le critique de notre temps, qui n'a ni vu les lumières ni entendu les anges et qui ne perçoit ces manifestations célestes qu'à travers des témoignages tardifs, serait beaucoup plus satisfait si on lui exhibait un document plus terre à terre, comme serait, par exemple, une inscription, une épitaphe trouvée dans la fameuse tombe. Mais il faut savoir se contenter. Quel que soit le motif qui ait poussé à entreprendre des fouilles dans le bois en question, il est sûr que l'on y a trouvé une chambre funéraire avec un sarcophage. Le sarcophage a disparu depuis; mais une crypte subsiste sous la basilique de Compostelle. La disposition et l'appareil en ont été étudiés par M. Fernandez Guerra et le P. Fedel Fita, deux archéologues expérimentés. Suivant eux, cette construction serait des « premières années de l'ère chrétienne ». C'est beaucoup de précision, et les savants archéologues ne nous renseignent pas sur les raisons qui les ont conduits à cette date. Tout ce qu'on peut admettre, je crois, c'est que le monument est de

tère de l'abbé Fagild s'élevait juste à l'endroit où Pélage avait eu sa cellule.

1. Sur cette église, très voisine de la basilique de Santiago, v. Florez, t. XIX, pp. 65, 106.

l'époque romaine. Du reste, il est arrivé souvent que les tombeaux aient préexisté de beaucoup aux défunts. En ce qui regarde celui-ci, la légende elle-même le reconnaît, puisqu'elle fait déposer saint Jacques dans un temple autrefois consacré aux idoles.

L'expertise récente a constaté aussi qu'il y avait deux tombes, l'une à droite et l'autre à gauche de l'emplacement du sarcophage apostolique, dont elles étaient séparées par des cloisons en tuiles. En somme, tout concorde avec l'état de choses dont témoignent la charte de 1077, la lettre de saint Léon dans sa troisième rédaction et l'*Historia Compostellana.*

Il y a donc tout lieu de croire qu'un grand tombeau de l'époque romaine a été réellement découvert en cet endroit dans le premier tiers du IXe siècle; que ce tombeau était alors couvert de broussailles et entouré de bois; que, pour des raisons que l'autorité ecclésiastique du temps jugea suffisantes, il fut considéré comme celui de l'apôtre Jacques, fils de Zébédée, décapité en 44 à Jérusalem. Ces raisons, nous ne les connaissons pas.

De ce que j'ai exposé plus haut, il résulte que, antérieurement au déclin du VIIIe siècle[1], il n'y a pas trace, en Espagne, d'une préoccupation spéciale de l'apôtre Jacques, et que cette préoccupation paraît avoir été aussi nulle en Galice qu'ailleurs. J'ai constaté aussi que les catalogues byzantins, qui, dans leurs rédactions latines, parlent de l'Espagne comme du théâtre de la prédication de saint Jacques, s'accordent à enterrer l'apôtre très loin de ce pays, et que, par suite, ils n'ont pu suggérer l'idée d'y chercher ses reliques.

En somme, à cette question : Pourquoi le tombeau galicien a-t-il été considéré comme celui de saint Jacques? il n'y a pas de réponse. Il faut s'en tenir au témoignage des anges, attesté lui-même par des documents bien tardifs, bien peu explicites, ou se résigner à l'ignorance. Trois choses sont certaines : 1° à

---

1. Je pense ici à s. Béat et à l'hymne cité plus haut, p. 13, note 3.

un certain moment, les gens d'Amaea, dans le diocèse d'Iria Flavia, ont cru que saint Jacques reposait dans un ancien tombeau, sur leur territoire; 2° cette croyance ne leur avait été suggérée par aucun document connu de nous; 3° ils l'ont admise avant de savoir comment le corps de l'apôtre était arrivé de Palestine.

Il était inévitable qu'un jour ou l'autre on se trouvât ce comment. La Translation résolut le problème en faisant intervenir les sept saints. Cette solution, suggérée tant bien que mal par la tradition relative à ces saints, laissait à désirer; elle fut amendée vers la fin du XI° siècle, mais maintenue pour le fond des choses.

Une autre voie fut ouverte par ce document : c'est, autant que l'on peut voir, le plus ancien texte *de provenance espagnole* qui parle de saint Jacques comme ayant prêché en Espagne[1]. On croira difficilement que ce trait n'ait pas son origine dans les catalogues apostoliques. Je ne voudrais cependant pas affirmer que l'auteur ait eu un de ces livrets sous les yeux; il n'a de commun avec eux que l'idée de la prédication espagnole. On ne constate aucune coïncidence littéraire, verbale, entre les textes.

Il n'en est pas de même des documents postérieurs. La lettre de saint Léon présente déjà les fameux *arcus marmarici* qui proviennent sûrement des catalogues. Partout où on les trouve, il faut les faire remonter aux catalogues, immédiatement ou par intermédiaire. Dans la série des diplômes, ils apparaissent dès l'année 899[2]; c'est, pour les rédacteurs des chartes, une désignation de lieu qui se cumule quelquefois avec l'ancien nom d'*Amaea*. On s'en sert ainsi jusque très avant dans le XI° siècle[3]. Plus tard, on employa au même usage le terme *Liberum Donum*, mis en avant dans la troi-

---

1. Il en est question aussi dans l'étrange lettre adressée au pape Jean XII, en 962, par Césaire, abbé de Montserrat (Florez, t. XIX, p. 370). Cette lettre, comme on va le voir, est de beaucoup postérieure à la Translation.

2. Florez, t. XIX, p. 340.

3. *Ibid*, p. 395, charte de l'année 1032.

sième rédaction de la lettre de saint Léon, mais inconnu des écrivains antérieurs.

Je ne crois guère que, en ceci, la chancellerie asturienne relève directement des catalogues, et je suis porté à croire qu'elle s'est inspirée, pour ce détail, de la lettre de Léon[1]. Celle-ci serait donc, au plus tard, des dernières années du IXe siècle, et la Translation, qui lui est antérieure, remonte assez haut dans ce siècle, environ vers le milieu.

Je conclus :

1º La croyance à l'apostolat espagnol de saint Jacques remonte, en dernière analyse, à un *remaniement latin* des catalogues apostoliques rédigés en grec vers le commencement du VIIe siècle. Ces catalogues ne sont, à aucun degré, des documents traditionnels sur lesquels on puisse faire fond.

2º Vers l'année 830, on découvrit, sur le territoire d'*Amaea*, dans le diocèse épiscopal d'Iria Flavia, une tombe antique qui fut considérée comme celle de saint Jacques. Le culte dont elle fut bientôt entourée est attesté par le martyrologe d'Adon, compilé en France vers l'année 860.

3º Vers le même temps, c'est-à-dire vers le milieu du IXe siècle, fut rédigé un récit de la Translation de l'apôtre, de Jérusalem en Galice. D'après cette pièce, le corps aurait été rapporté par les sept saints des environs de Grenade, que l'on présente comme des disciples de saint Jacques; ce récit suppose la prédication de l'apôtre en Espagne.

4º Vers la fin du IXe siècle, on fabriqua une lettre du pape Léon, non de Léon III, mais d'un Léon imaginaire, qui aurait été contemporain de saint Jacques. C'est le premier document galicien où les catalogues apostoliques ont laissé une trace *littéraire* évidente, la mention des *arcus marmarici*.

5º Au déclin du XIe siècle ou au commencement du siècle

---

1. La lettre d'Alphonse III au clergé de Tours, datée de l'année 906, dépend étroitement de la lettre de saint Léon; mais il y a des raisons de croire que cette pièce est apocryphe.

suivant, la lettre de saint Léon fut l'objet d'un remaniement grave, qui écarta le rôle des sept saints et produisit pour la première fois les deux disciples assesseurs, Athanase et Théodore; en même temps fut éliminé le terme *sub arcis marmaricis*, que l'on remplaça par l'appellation *Liberum Donum*.

6° L'*Historia Compostellana*, terminée en 1139, relève de ce remaniement et le consacre. Depuis lors, la tradition peut être considérée comme fixée.

7° De tout ce que l'on raconte sur la prédication de saint Jacques en Espagne, la translation de ses restes et la découverte de son tombeau, un seul fait subsiste, celui du culte galicien. Il remonte jusqu'au premier tiers du ix° siècle et s'adresse à un tombeau des temps romains, que l'on crut alors être celui de saint Jacques.

Pourquoi le crut-on? Nous n'en savons rien. L'autorité ecclésiastique intervint; on peut croire qu'elle ne se détermina que sur des indices graves, à son estimation. Ces indices ne nous ayant pas été transmis, nous n'avons pas à les apprécier; les connaîtrions-nous qu'ils échapperaient peut-être à notre compétence[1].

---

1. En 1589, lors de l'expédition de l'amiral Drake contre la Corogne, les reliques de saint Jacques et de ses deux compagnons, Athanase et Théodore, furent extraites de leur tombeau sous le maître-autel et cachées sous le pavé de l'abside. On les a retrouvées en 1879. La reconnaissance en a été faite dans une série d'enquêtes conduites d'abord par l'archevêque de Compostelle, puis par la Sacrée Congrégation des Rites. Les décisions de ces autorités ont été ratifiées et proclamées dans la bulle *Deus omnipotens*, du 1er novembre 1884.

Toulouse, Imp. DOULADOURE-PRIVAT, rue St-Rome, 39. — 5907

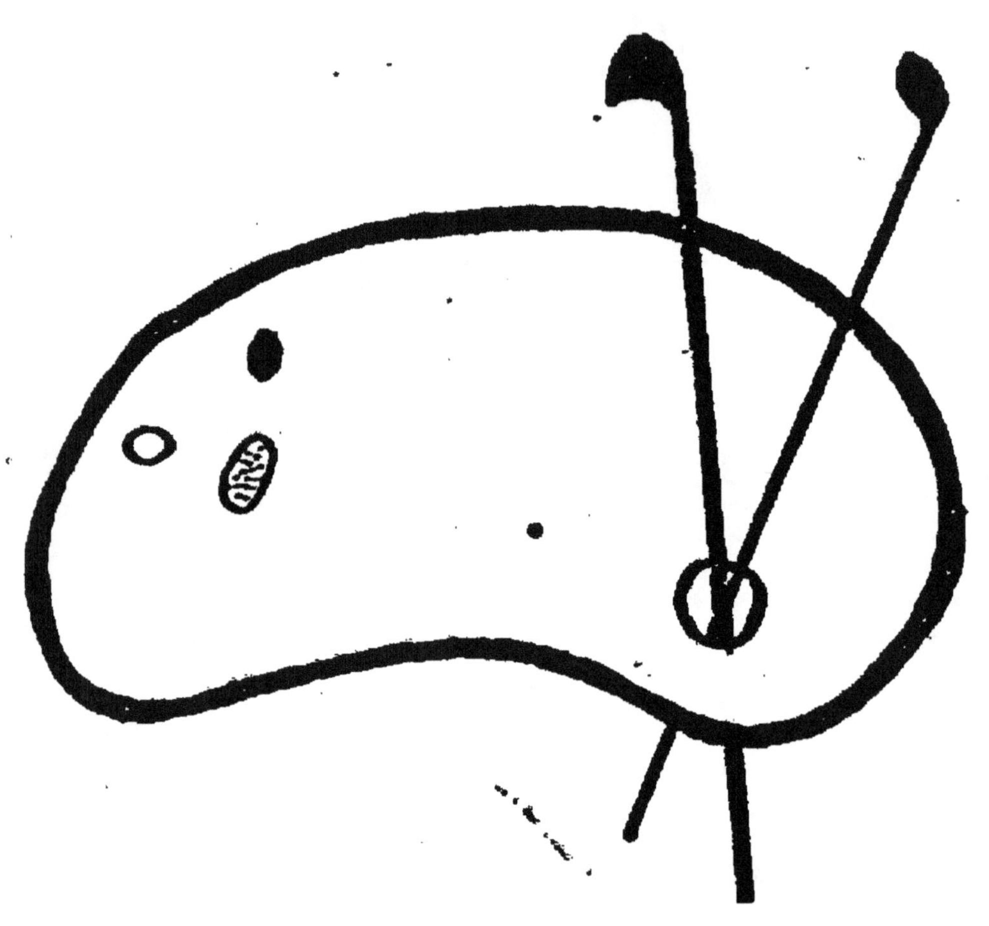

www.ingramcontent.com/pod-product-compliance
Lightning Source LLC
Chambersburg PA
CBHW061321050726
47594CB00004B/1826